平和のたね

瑞慶覧尚子・伊藤晧一　作詩
瑞慶覧尚子　作曲

女声二部合唱曲

平和のたね

瑞慶覧尚子・伊藤皓一　作詩
瑞慶覧尚子　作曲

カワイ出版

この度上梓する女声二部合唱曲「平和のたね」は、先だって出版された『祈る日 ～混声合唱とピアノのための～』の終曲のリダクション版である。『祈る日』は、国立市制施行50周年を記念し『くにたち平和組曲』として誕生した。国立市平和事業の一環である"原爆を忘れない"ための市民のメッセージが基になり、構成・作曲をした合唱組曲である。

　広島・長崎に落とされた原爆は、人々の生活や生命を容赦なく奪った。『祈る日』では、当時を生きる人々の目線で戦争の悲しみを描きたかった。広島・長崎の人々の内なる声を聞きながら。そしてその終曲を、と考えたとき、ふと幼い日のことを思い出した。寝しなに祖母が寄り添い、歌とも語りともつかない声で何かを歌ってくれた。私はそれを子守唄のように聞きながら眠りについた。そうだ、終曲はそんな曲にしたい。命を全うできなかった人々のたましいを、近くに感じながら伝え続けられる曲。だからこの作品には、大上段に構えたコールは無い。ただただ与えられた命を繋いでいくという意志と、"歌う"という静かな行動を通して平和を希求するのみである。

　組曲中の一曲は、子どもたちが歌えるやさしい曲を、との国立市からのご提案もあり、いつでもふっと旋律が口ずさめるように、「平和のたね」は、できるだけ平易にということを心がけ作曲した。お母さんが子どもに語り聞かせるように、時には子どもたちと一緒に平和の祈りを捧げる時に歌って欲しいと思う。

　国立市は長年様々な角度から「平和事業」を展開しています。そしてこの度この作品の委嘱・初演の実現に至りましたことは、国立市が抱き続けている平和への強い希求の証しなのだと思います。このような貴重な機会を頂きましたことに深く御礼申し上げます。

　指揮の荒木泰俊先生は、2005年に拙作の「朝」という作品を初演して頂いて以来、私の作品にいつも深い理解を示して下さいます。ご自身もゆかりのある国立市の平和事業にも深く関わっておられ、今回、国立市と私を結ぶ掛け橋となり、労をいとわず曲の完成まで最大の理解と共感を持って創り上げて下さいました。感謝の気持ちでいっぱいです。最後に、この作品に息吹を与え真摯に歌って下さいました国立市制施行50周年記念合唱団の皆様、『祈る日』出版に続き多大なご尽力を頂きましたカワイ出版、関わって頂いたすべての皆様に感謝を申し上げます。

2018年9月　瑞慶覧尚子

　2017年10月。生まれたばかりのこの「平和のたね」の楽譜を手にした私は、「普通の日になったのか原爆の日展」入賞作を基にした『祈る日』の祈りのエスプリが純に光輝いていること、『祈る日』以上に幅広い老若男女に歌われたい曲であることを感じ、できるだけ多くの方々の歌声で初演したいと考えました。

　11月3日、初演。ステージのコーラス・インフィニ☆、客席を包み込むように立つ『祈る日』初演の熱気さめやらぬ国立市制施行50周年記念合唱団、そして、客席の皆様。いろいろな人々がひとつになった感動的な演奏でした。

　今、楽譜を手にして下さっている皆様の内にある何かと「平和のたね」とが響き合い、種となって蒔かれ育ち、やがて大きな樹になることを希っています。

荒木泰俊

平和のたね

瑞慶覧尚子 詩

平和のたねをまこう ひと粒ずつに愛をこめて
愛する人のために まだ見えない明日へ
やがて たねは芽を出して 澄んだ空気いっぱいに
上の方へと 光へ向かい 真っ直ぐに伸びて 大空へ
そして 大きな木になる
鳥たちを 人間を 世界を守る
平和のたねをまこう

《時計が止まったあの日から 僕たちは平和を願い続ける》
‥‥‥伊藤皓一 詩

そして 大きな木となり
枝の葉と葉を重ねて 命を守る
大きな愛で守る
大切な人が 悲しまないように
平和のたねをまこう

委　嘱：国立市
初　演：2017年11月3日
　　　　くにたち市民芸術小ホール
　　　　《国立市制施行50周年記念式典》
指　揮：荒木泰俊　　ピアノ：小宮康裕
合　唱：コーラス・インフィニ☆
　　　　国立市制施行50周年記念合唱団
　　　　客席の皆様

女声二部合唱曲　**平和のたね**　瑞慶覧尚子・伊藤皓一 作詩／瑞慶覧尚子 作曲

● 発行所＝カワイ出版（株式会社 全音楽譜出版社 カワイ出版部）
　〒161-0034　東京都新宿区上落合2-13-3　TEL. 03-3227-6286／FAX. 03-3227-6296
　出版情報 https://editionkawai.jp
● 楽譜浄書＝H-t studio　●印刷・製本＝平河工業社
ⓒ 2018 by edition KAWAI, a division of Zen-On Music Co., Ltd.
● 楽譜・音楽書等出版物を複写・複製することは法律により禁じられております。落丁・乱丁本はお取り替え致します。
● 本書のデザインは予告なく変更される場合がございます。
ISBN978-4-7609-2428-8

2018年11月1日 第1刷発行
2025年2月1日 第14刷発行

ISBN978-4-7609-2428-8
C3073 ¥600E

定価660円
(本体600円＋税10%)

CODE：2428